Thierry Lenain

Hat Pia einen Pipimax?

Bilder von Delphine Durand

Deutsch von Alexandra Rak

Verlag Friedrich Oetinger · Hamburg

Für Cléo, die es weiß.
Für Muriel, die Buchhändlerin,
die lange gebraucht hat, um es zu wissen.
Und natürlich für Susie Morgenstern!

„Pipimax? Pipimax?"
Élisa, zwei Jahre

Früher war für Paul
alles einfach.
Erstens:
Es gibt die Mit-Pipimax.
Zweitens:
Es gibt die Ohne-Pipimax.
Drittens:
Die Mit-Pipimax
sind viel stärker
als die Ohne-Pipimax.
Und warum? – Weil sie einen
Pipimax haben.

Hey, es lohnt nicht zu widersprechen!
Das ist schon seit dem Anfang
der Welt so.
Nehmt zum Beispiel mal:
die Mammuts.

Als die Mammuts noch lebten,
gab es Mit-Pipimax-Mammuts
und Ohne-Pipimax-Mammuts.
Welche waren wohl die stärkeren?

Paul ist ziemlich froh,
dass er zu den Mit-Pipimax gehört.
Tja, Pech für die Mädchen …

Mit - Pipimax

Er kann ja nichts dafür,
dass ihnen etwas fehlt.

Ohne - Pipimax

Aber das war früher.
Eines Tages nämlich
kam Pia in die Klasse von Paul.

„Darf ich vorstellen, das ist Pia",
sagt die Lehrerin.
Zuerst ist das neue Mädchen
Paul völlig schnuppe.
Das ist eine Ohne-Pipimax.
Die spielt bestimmt
nur mit Puppen oder malt
kleine alberne Blümchen.

Aber da irrt Paul gewaltig!
Es ist Zeichenstunde
und Pia zeichnet wie verrückt.
„Du bist sehr begabt", ruft
die Lehrerin und zeigt Pias Bild.
Auf dem Blatt sind keine
albernen Blümchen,
auf dem Blatt ist ein riesiges
Mammut!
Was ist denn das für ein Mädchen?,
fragt sich Paul.

Was ist denn das für ein Mädchen?, fragt sich Paul in den kommenden Tagen und Wochen
immer und immer wieder.
Pia zeichnet nämlich nicht nur Mammuts, sie spielt auch Fußball.
Und sie hat ein Jungenfahrrad.

Sie hat keine Angst davor,
auf Bäume zu klettern
(noch viel höher als Paul).
Und wenn sie mit jemandem kämpft,
gewinnt sie immer.

Also ehrlich, was ist denn das für ein
Mädchen?, fragt sich Paul
zum tausendsten Mal.
Und dann nistet sich auf einmal
ein Gedanke in seinem Kopf ein:
Pia muss ein ganz besonderes
Mädchen sein!

Pia muss etwas haben,
was andere Mädchen nicht haben …
Ja, das ist es!
Pia ist ein Mädchen mit einem
Pipimax!
Eine Ohne-Pipimax mit Pipimax.
Das ist Beschiss! Paul beschließt
der Sache auf den Grund zu gehen.

Sobald er Pias Pipimax gesehen hat, wird er es allen verraten.
Keiner wird mehr mit ihr spielen, wetten!
Gesagt, getan.
Paul weicht Pia nicht mehr von der Seite.
Er verfolgt sie überallhin.

Durch den Spalt unter der Tür
hat er zum Beispiel gesehen,
dass Pia im Sitzen pinkelt
und nicht im Stehen.
Na gut, das beweist noch nichts.
Jeder kann schließlich im Sitzen
pinkeln.

Ein anderes Mal übernachtet Paul
bei Pia.
Dummerweise hat sie sich im Bad
ausgezogen und ist in einem weiten
Schlafanzug wieder rausgekommen
– in einem Mammut-Schlafanzug!
An diesem Abend hat Paul also auch
nichts gesehen.
Und an den anderen Tagen auch nicht.
Das ist gar nicht einfach,
so eine Art von Untersuchung …
Dutzende von Abenden und Dutzende
von Tagen vergehen,
ohne dass er was zu sehen bekommt.

Und dann ist der Sommer da.
Pia und Paul treffen sich auf einem
Campingplatz.
„Wir gehen schwimmen", rufen sie,
während ihre Eltern die Zelte
aufbauen.
Sie sind so wild darauf, endlich
in die Wellen zu springen,
dass sie ihre Badesachen vergessen.

Das merken sie erst am Strand.
„Verflixt!", schimpft Pia.
„Wir müssen zurück."
Nein, überhaupt nicht!, denkt Paul.
Das ist die Gelegenheit!
„Wir können doch nackt baden",
schlägt er vor.

Er ist sich sicher, dass Pia
da nicht mitmacht.
Aber es kommt anders.
„Einverstanden", sagt sie und
zieht sich aus.
Zuerst sieht Paul nur ihren Popo.

Das ist noch kein Beweis.
Allein durch einen Popo kann man
das noch nicht wissen.
Und dann dreht Pia sich um.
Paul bleibt vor Staunen der Mund
offen stehen und er reißt
die Augen auf.

„Du … du … du hast gar keinen Pipimax?!", stottert er.
Pia schaut erstaunt an ihrem Bauch hinunter.
„Nö …, ich hab eine Pipimaus!", antwortet sie.
Und platsch, schon ist sie im Wasser.

Danach ist die Welt für Paul nicht mehr die gleiche.

Früher gab es die Mit-Pipimax und die Ohne-Pipimax.
Und jetzt gibt es die Mit-Pipimax und die Mit-Pipimaus.
Tja ..., den Mädchen fehlt also doch nichts!

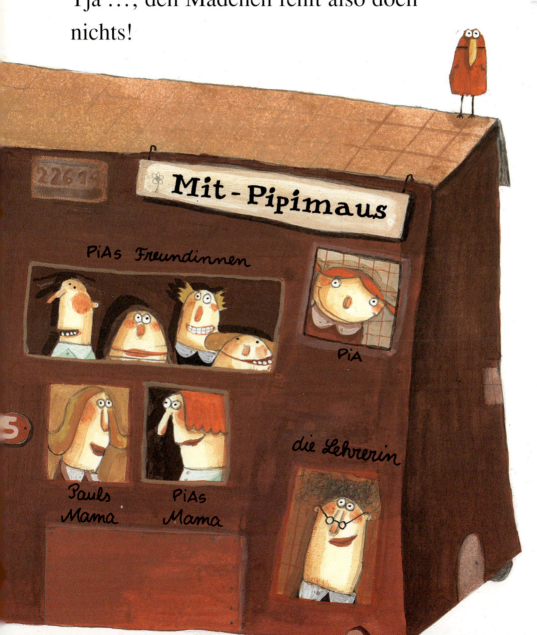

Thierry Lenain

Weil Thierry Lenain selbst zwei Töchter hat, schreibt er Geschichten über starke Mädchen. Aber er hofft, dass auch Jungen seine Geschichten lesen. Wenn die Mit-Pipimax sich nämlich weniger aufspielen würden und nicht glaubten, dass sie die Stärksten sind, wäre das für alle besser – sogar für sie!

Delphine Durand

Delphine Durand ist 1971 geboren, hat an der Arts-Déco in Straßburg studiert und lebt heute in Marseille. Wie Pia zeichnet sie lieber Mammuts als alberne Blümchen.

© Verlag Friedrich Oetinger, Hamburg 2002
Alle Rechte für die deutschsprachige Ausgabe vorbehalten
© Éditions Nathan, Paris 1998 (1. Auflage)
© Nathan/VUEF, Paris 2001 (weitere Auflagen)
Die französische Originalausgabe erschien unter dem Titel
„Mademoiselle Zazie a-t-elle un zizi?"
Deutsch von Alexandra Rak
Druck und Bindung: Proost N.V., Turnhout
Printed in Belgium 2003
ISBN 3-7891-6836-X

www.oetinger.de